Cómo Ganar Mucho Dinero Rápido con Twitter

Gustavo Adolfo Avila

Antes de empezar…

Dado que Twitter es una herramienta en línea, he decidido complementar este material con algunos videos y tutoriales en línea.

Para recibirlos de forma gratuita y en la conveniencia de tu correo electrónico, solo llena tus datos en esta pagina:

www.alcanzatussuenos.com/twitter

Al registrarte recibirás actualizaciones sobre este material y el Mini-Curso gratuito por correo electrónico "Cómo Tener Miles de Seguidores en Instagram".

Tabla de Contenido

Introducción 4

Recomendaciones iniciales 7

Perfil de Twitter 13

Sumario/ Biografía 15

Hashtags 17

Listas de Twitter 19

Twitter chats 22

Encuestas de Twitter 24

Cómo crear el mejor contenido visual 26

Aprovecha el impacto psicológico de las imágenes 28

Mensajes directos 29

Maneras simples para conseguir más seguidores 32

Estrategias para convertir a tus seguidores en oportunidades de negocios 33

¿Cómo crear Twitter Ads (publicidad pagada a través de Twitter) exitosas? 35

Qué es "la segmentación por eventos" para los negocios 37

Cómo lograr la atención de la prensa con Twitter 40

Cómo usar los concursos de Twitter para elevar tus ventas 42

Dos páginas muy útiles para la promoción masiva de contenido 43

Conclusión 46

Introducción

Al cierre de 2016, Twitter indicó tener unos 319 millones de usuarios.

La pregunta es...

¿Cuántos de esos usuarios has podido captar para producir dinero?

Cualquiera que sea el número, te puedo asegurar que tienes oportunidades de crecimiento, porque el potencial es enorme.

Hoy en día, las redes sociales tienen un impacto nunca antes visto en los negocios, y no maximizar los resultados significa dejar ir grandes oportunidades de hacer dinero.

Bien sea que tengas tu negocio, estés empezando o tal vez aún no tienes un negocio, pero estás buscando generar ingresos a través de Internet o trabajando desde casa, esta herramienta te será de gran utilidad para lograr esos objetivos.

Hay una realidad muy importante y es que...

Ser un e-emprendedor es algo arduo y difícil.

Sobre todo al principio, porque la verdad es que la mayoría de los comienzos son duros.

A menudo escucho a los empresarios que están comenzando y a muchos que ya están establecidos decir cosas como:

- No paro de hacer cosas, estoy intentando abarcar demasiadas cosas
- El crecimiento de mi negocio es muy lento
- No tengo ni una visita en mi pagina web
- Me cuesta mucho tener seguidores, no le agarro el hilo a esto
- Nadie me conoce ni conoce mi marca

Y para algunos es peor, porque no saben si tendrán que cerrar su negocio antes de que les empiece a producir dinero.

Las redes sociales pueden ser la respuesta, pero el problema es que ha habido muchos engaños en línea y muchas veces la gente no se atreve a intentar algo nuevo por miedo a ser estafados.

Muchos han perdido su tiempo y se han quedado sin nada con que invertir.

Otros han probado muchos métodos, pero no logran ganar dinero. No encuentran una forma efectiva para ganar dinero en internet.

Lamentablemente, hay mucho de esto, pero también hay una contraparte

Y es que…

De verdad se puede hacer mucho dinero en internet, especialmente cuando se tiene una audiencia y las redes sociales se convierten en un eje principal en tu estrategia de márketing.

Es por ello que he creado este material, para darte estrategias que SÍ funcionan para hacer dinero utilizando Twitter como herramienta.

Sin embargo, debo alertarte que

Esto NO es para ti si:

- Estás buscando una forma de hacerte millonario de la noche a la mañana
- Quieres hacer dinero sin poner de tu esfuerzo
- No estás dispuesto a aplicar las estrategias contenidas aquí
- Te rindes de una vez y no tienes constancia

Qué vas a encontrar en este libro:

- Estrategias para que los medios de comunicación masivos promocionen tu negocio masivamente sin invertir ni un dólar
- Diferentes tipos de estrategias que te van a ayudar a obtener nuevos clientes
- Cómo utilizar y descubrir nuevas tendencias y usarlas a tu favor
- Cómo conseguir nuevos clientes y hacer crecer tus suscriptores sin invertir dinero
- Cómo usar publicidades en Twitter para impulsar el crecimiento de tu marca
- Cómo estudiar a tu competencia y aprovechar este conocimiento para impulsar tu negocio
- Tácticas para posicionarte en tu nicho
- Cómo usar Twitter para crear poderosas alianzas.

¡Y mucho más!

Es hora de tomar acción y de empezar a aprovechar las oportunidades que Twitter te ofrece para hacer dinero.

Recomendaciones iniciales

Twitter es una de las redes sociales con mayor tráfico de información. Lograr que las personas se detengan a leer tus tuits es fundamental para que ganes más seguidores. Ahora bien, si lo que haces es publicar la agenda de tu compañía, es muy poco probable que logres promocionarte efectivamente.

Recuerda que tu audiencia está interesada en contenido que les ayude a mejorar su vida o negocio, por lo que te recomiendo que busques notas educativas o tutoriales que puedas compartir.

No solo actualices tu estado, también postea imágenes, videos y gifs. El material visual aumenta los clics en 18%, los favoritos en 89% y los retuits en 150%. Además fortalece el compromiso de tu audiencia con tu marca.

- Evita tuitear demasiadas promociones

Hay muchas cuentas *spam* (basura) que invaden las redes sociales. Cuando compartes demasiadas promociones, la gente pensará que eres una de ellas y dejará de seguirte. ¡Claro que puedes publicar ofertas de tu sitio! Pero siempre trata de aportar información relevante y útil para tu audiencia.

- Tuitea durante las horas pico

Para calcular las horas pico, debes conocer qué tipo de compañía tienes. Existen dos clases: las que venden a otras empresas y las que interactúan directamente con el consumidor. En el primer caso, de lunes a viernes obtienes 14% más visitas. En el segundo caso, las interacciones aumentan los fines de semana y los miércoles. Conseguirás más retuits a las 5:00 pm y visitarán más tu perfil desde el mediodía hasta las 6:00 pm.

No hay un método único para las redes sociales, todo depende de tu audiencia. Utiliza los datos anteriores, pero evalúa los hábitos de tu audiencia ideal, así tus cálculos serán más exactos.

- Postea constantemente y de forma coherente

¿Sabías que el tiempo de vida de un tuit es de 30 segundos?

Si solo posteas dos veces al día, nadie verá tus mensajes. Además, como ya aprendimos en el punto anterior, debes hacerlo en las horas que frecuente tu audiencia.

Te recomiendo que tuitees cada una o dos horas, durante 12 horas al día. Quizás pienses que es demasiado y que no tienes suficiente contenido para seguir ese ritmo.

¡No te preocupes!

También puedes compartir los tuits de otras páginas o cuentas de Twitter. Tu meta es mantener un buen nivel de tráfico de visitantes.

Cuando selecciones el contenido de otras páginas para publicarlas en tu cuenta, es recomendable que los menciones para que ellos estén al tanto, visiten tu sitio y promocionen tu marca a un nuevo público.

No es necesario que estés conectado todo el día en Twitter. Existen plataformas como Hootsuite, Buffer, SocialOomph o Post Planner que permiten programar tus publicaciones.

Tú decides a qué hora deben subir el contenido. No está mal que compartas un mismo tuit varias veces en tu cuenta, pero sin exagerar. Recuerda que no quieres tener una cuenta *spam*.

- Sé generoso con los retuits

Retuitear es una relación recíproca: tú te beneficias porque tienes nuevo contenido que compartir con tu audiencia y, por otro lado, el propietario de la otra cuenta se beneficia porque puede llegar a otro público. Cuando compartes información de un blog u otro usuario de Twitter, es recomendable que los menciones, así vas a estar en su radar y podrás empezar a crear relaciones.

Mientras más retuits logres, mayor será el alcance de tu cuenta. Tampoco es necesario que pidas que te hagan retuit. Si el post vale la pena, las personas lo compartirán automáticamente.

- Crea listas

Las listas son un excelente medio para seguir el trabajo de otras cuentas relacionadas con tu negocio. Te recomiendo que crees una en la que incluyas, incluso, a tu competencia. Selecciona el contenido de sus páginas que sirva para tu campaña y compártelo. Con ello llamarás la atención de los líderes de tu industria y, quizás, ellos puedan retuitear alguno de tus posts o darte las gracias por estar interesado en sus publicaciones.

- Usa hashtags

¿Qué son los hashtags?

Es un método para etiquetar tu contenido mediante el uso del símbolo de numeral (#) que se coloca al principio de la frase o palabra. Son muy importantes a la hora de posicionar tu cuenta en internet. Recuerda que hay muchísimas y debes hallar una manera para que tu audiencia te pueda encontrar fácilmente.

No inventes hashtags extraños, es mejor que busques el correcto; ingresa a la página:

www.alcanzatussuenos.com/twitter

Al ganar acceso podrás ver el video de cómo encontrar los mejores hashtags y cuáles son los más usados por tu *target*.

- Comparte tu cuenta de Twitter en tu página web

Sé que suena obvio, pero esta es una de las mejores maneras para que las personas se conecten con la marca y se conviertan en tus consumidores. Sitúa tu cuenta de Twitter en un lugar visible y comparte el link para que puedan acceder de forma directa.

- Usa un llamado a la acción

¿Qué es un llamado a la acción?

Es un mensaje dirigido a tus seguidores para que ejecuten una acción determinada. En el caso de Twitter, debes decirle a tus seguidores, en ese tuit, qué es lo que quieres que hagan y por qué.

Por ejemplo: escribe un tuit en el que compartes un cupón y adjunta el enlace de tu página web para que puedan descargarlo. Cuando explicas el porqué deben hacerlo, cuál es el beneficio que obtendrán y qué es lo que encontrarán en ese enlace, aumentas el tráfico de las visitas a tu página.

- Aplica la "regla de las cuatro U" para crear tuits atractivos

La estructura y las palabras que uses para escribir un tuit son fundamentales, si quieres que las personas se involucren con tu marca y, de esta manera, ganar más seguidores. Recuerda que en Twitter tienes un margen de 140 caracteres, por lo que debes ser preciso y bastante creativo.

Es por ello que te presento la "regla de las cuatro U":

- ✓ Único.
- ✓ Ultra específico.
- ✓ Útil.
- ✓ Urgente.

Esta pauta fue usada en un principio para crear titulares convincentes, pero ahora se aplica a las redes sociales. Te explico cada una de ellas:

- Único

Sé que es un poco difícil que publiques un tuit totalmente único, pero debes buscar la manera de que sea diferente. Muchos comparten un link y mantienen el título original de la nota. En ese caso es mejor que escribas un pequeño comentario en el que expliques brevemente por qué tus seguidores deberían leer ese post.

- Ultra específico

El mensaje de los tuits debe ser lo más entendible posible. Recuerda que estamos hablando de un tiempo de vida de 30 segundos. Si las personas no comprenden lo que escribiste al instante, obviarán por completo tu post.

- Útil

Incluye los beneficios que favorecen directamente a tu audiencia. Cuanto más valioso sea tu tuit, mayor será el compromiso de los usuarios.

Para alcanzar dicho valor puedes:

> Hacer reír a la gente.
> Resolver un problema específico.
> Compartir experiencias reales.
> Publicar noticias relevantes.

- Urgente

El añadir un sentido de escasez o limitación en tus tuits hace que las personas se sientan motivadas y visiten el contenido que compartiste aun más rápido. Esta estrategia obedece al "miedo de perderse de algo", conocida por sus siglas en inglés como FOMO (*Fear of missing out*). Aunque no es nada nuevo, funciona en cualquier plataforma.

¿Cómo lo haces?

Limita el tiempo o la cantidad de tu oferta y verás un incremento en las ventas.

Perfil de Twitter

La primera impresión lo es todo, tanto en la vida real como en la virtual.

Cuando tienes un perfil atractivo, el número de seguidores tiende a aumentar.

Muchos se preguntan por qué nadie visita su cuenta y la respuesta está en la apariencia de su página.

Te dejo algunos consejos para lograr un perfil seductor:

- Tu nombre y la identificación de tu usuario (@)

En Twitter vas a usar dos nombres: la identificación de tu usuario, precedido por una @, permite que te hagan mención y te busquen en las redes; y el nombre de tu perfil.

La mayoría de las veces es el mismo, aunque puede haber pequeños cambios. Especialmente, cuando la identificación que quieres no está disponible y debes agregar un símbolo o un número para diferenciarla.

Si no has creado la cuenta, es un buen momento para buscar una propuesta atractiva.

Cuando vas a promocionar la marca de tus productos, utiliza ese nombre para el usuario. Pero si vas a impulsar una marca personal, escoge tu mismo nombre.

Por ejemplo: en el primer caso sería @Walmart y en el segundo @KatyPerry.

- Foto de perfil

Las personas buscan conocer la cara que está detrás de esa cuenta, por lo que una foto con tu perro o en una fiesta no es la mejor opción. Mientras más profesional luzcas, mejor será la reacción de los usuarios.

La foto de perfil en Twitter es muy pequeña, especialmente en dispositivos móviles. Si la comprimes mucho, no podrán visualizarla correctamente. Utiliza una imagen de 400x400 píxeles. Será lo suficientemente grande y no se distorsionará.

En conclusión:

> Escoge una foto de tu cara.
> Sonríe.
> La imagen debe estar limpia.
> Evita usar filtros.

Sumario/ Biografía

En la biografía escribe los beneficios de tu marca, así lograrás que las personas se identifiquen con ella. Comparte un poco de tu vida personal para que los usuarios te conozcan mejor.

Utiliza palabras claves que tengan alto nivel de búsqueda en Twitter y que estén relacionadas con tu nicho. Recuerda que todas son analizadas por el buscador.

Para ello utiliza la misma herramienta del video que viste al registrarte en:

www.alcanzatussuenos.com/twitter

Lo importante es que resaltes y puedan encontrarte entre las miles de cuentas que existen.

No utilices muchos hashtags: hacen más difícil la lectura y confunden. Ahora bien, si tienes un hashtag personalizado, es buena idea que lo incluyas.

También agrega un enlace que redirija a tu página web, idealmente donde tengas una opción para suscribirse a tu lista de correo para que aumentes tus contactos.

- Foto de portada

Diseña una imagen atractiva en la que plasmes tu marca y resaltes sus beneficios. Recuerda que debe verse bien tanto en la computadora como en los dispositivos móviles.

Esta foto es el primer gancho para que sigan explorando tu cuenta, lean la biografía y revisen tus primeros tuits.

Por ejemplo, si quieres atraer a personas que buscan perder peso, usa una imagen que refleje este concepto.

- Dirección

Si tienes un negocio físico, lo más recomendable es que incluyas la dirección en la biografía. Así los consumidores que estén en el área preferirán visitar tu local, en vez de ir a otras tiendas más alejadas.

Hashtags

Los hashtags permiten que las personas encuentren tu cuenta sin necesidad de que te conozcan con anterioridad. Esta es la gran ventaja: conseguirás nuevos seguidores interesados en tu marca.

Hablemos, entonces, un poco más sobre ellos.

¿Qué son?

Es una palabra o frase clave, sin espacios entre sus caracteres y antecedida por una almohadilla (#). Por ejemplo: #AmoLosViernes o #Urgente.

¿Cuál es su ventaja?

Te ayuda a que tu contenido tenga más alcance, sobre todo para personas que aún no te siguen.

Cuando escribes un hashtag, tus mensajes aparecen en una lista junto con todos aquellos que también han compartido ese hashtag.

¿Cómo usarlos?

- Es suficiente con que escribas un hashtag por tuit. Así lograrás mayor número de retuits y nuevos seguidores. Recuerda que no estás en Instagram, donde suelen emplearse más de diez hashtags en cada publicación. Si exageras, los usuarios pensarán que es una publicación basura o *spam*.

- Escoge hashtags relevantes. En Top-Hashtags.com encuentras los más populares. Lo importante es que lo uses para promocionar un contenido sobresaliente y no para aprovechar ese momento de fama. Recuerda que los mensajes banales solo molestan a los usuarios. Te recomiendo que evites tuitear por tuitear. Claro que puedes compartir un mensaje personal, pero siempre enfócate en darle algo valioso a tu audiencia.

- Gana autoridad. Cuando uses un hashtag y logres que las personas se identifiquen con él, Twitter ubicará al comienzo de la lista de búsqueda aquellos tuits con mayores reacciones. Conseguirás posicionarte por algunas horas, mientras que los otros mensajes estarán al final y desaparecerán pronto.

Consejos para crear hashtags personalizados:

- Original

Una buena manera de comunicarte con tus seguidores es mediante los hashtags. Una vez que hayas creado el que más te guste, búscalo en Twitter para asegurarte de que sea original y no haya sido usado anteriormente. Si ves que muchos usuarios lo mencionan, escoge otro. No querrás confundir a tu audiencia ni mezclarla con otro público.

- Corto y preciso

En primer lugar, los usuarios podrán conseguirlo más rápido y reduces el riesgo de que cometan algún error de tipeo. En segundo lugar, lo que buscas es que las personas compartan tu hashtag, por lo que debes tener en cuenta el límite de caracteres. Si es muy largo y complicado, simplemente no lo usarán.

- Escoge palabras claves

Nuevamente aplica lo expuesto en el video que viste en:

www.alcanzatussuenos.com/twitter

para dar con las más utilizadas en tu nicho.

También puedes usar tu nombre o el de tu marca como hashtags.

Debes ser constante con los hashtags que creaste para cautivar a los usuarios. Ellos, eventualmente, empezarán a buscarlos y te identificarán como un líder en tu industria.

Listas de Twitter

Las listas son una herramienta valiosa, aunque muy poco utilizada.

Es difícil lograr que las personas se fijen en tu contenido cuando los tuits tienen tan poca vigencia. Es por ello que muchos visitan las cuentas individualmente, pero es bastante engorroso, en especial si debes revisar un gran número de perfiles.

Para solventar este problema, Twitter ofrece las listas.

¿Qué son?

Es una opción que te permite identificar un grupo de cuentas, seguirlas y organizarlas en categorías.

Las listas pueden ser tanto privadas como públicas. Esta opción la escoges al momento de crearlas.

En el caso de las privadas, las personas no reciben una notificación y solo tú tienes acceso. Te recomiendo que las uses cuando busques nuevos clientes con los que quieras entablar una mejor relación.

¿Cuáles son sus ventajas?

- Comprender el tipo de contenido que atrae a tu audiencia objetivo.
- Generar nuevas estrategias para las redes de tu empresa.
- Monitorear tu competencia.
- Relacionarte con las cuentas que te interesen: clientes actuales, consumidores potenciales y personas influyentes en tu nicho.

Clientes actuales: revisar los mensajes de tus clientes te permite conocer lo que están diciendo. Cuando muestras interés por sus tuits, fortaleces la relación, mejoras el servicio al consumidor y los mantienes interesados en tu compañía. Recuerda que el factor humano es importante: las personas quieren hacer negocio con otra persona, no con una empresa anónima. Demuéstrales que no vas detrás de su dinero; para ello etiquétalos en tus tuits y responde sus comentarios.

Consumidores Potenciales: el bombardeo de publicidad solo enfurece a los usuarios, por lo que tampoco deberías hacerlo. El respeto es la base: contribuye con la conversación, en vez de invadirla. De esta manera, aumentarás las posibilidades de que entren a tu perfil y conozcan tu marca. De igual forma, te recomiendo que apliques el mismo método que usas con los clientes regulares. Hazles ver que están hablando con un humano y no con una computadora.

Personas influyentes en tu nicho: estas listas deberían ser públicas porque así las personas que añades reciben una notificación en su perfil.

¡Y eso es lo que quieres!

Aparecer en sus radares.

¿Cómo lo haces?

Con participación, al igual que con los clientes actuales y los potenciales. Por ejemplo: comparte con tus seguidores sus tuits o contenidos y escribe por qué te gustaría participar en uno de sus talleres o conferencias.

¿Cómo lograr más participación en Twitter?

Recuerda que la participación es fundamental en cualquier relación. Para que alcances ese objetivo te dejo algunos consejos:

- Retuitea el contenido de personas influyentes en tu industria y agrega un comentario, así sabrán que, en efecto, leíste su publicación. Si hablamos de un periodista, menciónalo en un tuit en el que hables sobre su artículo.
- Participa en las conversaciones y responde a las inquietudes que surjan.
- Compórtate como un verdadero humano y no como un robot, es decir, muestra interés sincero por sus publicaciones.
- Graba un video corto con tu teléfono y se lo mandas a la cuenta que te interese, tanto para las personas influyentes como para tus clientes. Esta es una buena forma de destacarte frente a tus competidores. En el caso de los consumidores, intenta contestar sus preguntas con un video.
- Sé constante: una vez que hayas entablado buenas relaciones, haz lo posible para mantenerlas. Sé que toma mucho tiempo, pero las ventajas hacen que valga la pena.

Crear una lista mediante la búsqueda de palabras claves

Una vez que conozcas las palabras claves que usa tu audiencia, entonces crea una lista a partir de los resultados que arroje esa búsqueda. Enfócate solo en las cuentas de los usuarios.

Si quieres ser aún más preciso, selecciona la función de búsqueda avanzada de Twitter (twitter.com/search-advanced) e ingresa la palabra o la frase que te interese, la ubicación de un lugar en específico o, incluso, algún hashtag.

Imagina que encuentras a un usuario que tiene alguna duda sobre tu nicho,

¡es la oportunidad perfecta para ayudarlos!

Cuando visitas los perfiles que te interesaron, puedes consultar sus listas y unirte a ellas o crear una propia con esas cuentas (en el caso de que solo tú quieras manejar esa información).

Twitter chats

Twitter chats es una oportunidad para que las personas se reúnan y discutan sobre un tema en común. Primero hay que saber a qué hora y qué día será la actividad. Cuando llegue el momento, empiezas a monitorear los comentarios que se publican con un hashtag establecido; recuerda usarlo siempre para que tus tuits se integren a la conversación.

¡La invitación es para todo el mundo!

Lo más común es hacer preguntas y dar respuestas. El moderador responde las inquietudes de los usuarios, a la vez que otras personas se unen al debate. La dinámica varía según cada grupo, pero el intercambio de ideas siempre se mantiene.

Si puedes preparar un chat, no dudes en hacerlo. Lo más probable es que al comienzo no resulte como esperabas, pero tienes que darle tiempo a la gente para que te conozca y decida participar en la actividad.

La clave es la constancia: crea uno cada semana. Los temas deben ser interesantes y provechosos para la comunidad.

¿Cuáles son los beneficios?

- Conoces personas relacionadas con tu negocio y clientes potenciales.
- Aprendes de las respuestas que dan tanto el moderador como los mismos participantes.
- Es una buena manera de darte a conocer como una autoridad en el área que te interesa.

Antes de iniciar un chat en Twitter ten en cuenta los siguientes consejos:

- Las preguntas del chat no las conoces hasta el día de la actividad, aunque durante la semana anuncian el tema que van a tratar. Te recomiendo que investigues un poco para estar preparado. Así comprenderás mejor la materia y hasta tendrás algunas inquietudes.
- No hagas preguntas de la nada, mantente enfocado en los asuntos de la conversación.
- Sé paciente, en algún momento hablarán sobre el tema que te interesa. Si no es así, espera hasta el final y pregúntaselo directamente al moderador o a la persona que consideres que te puede dar una mejor respuesta.

Cuando quieras consultar una conversación en específico, no pierdas el tiempo haciéndolo de forma manual: es bastante fastidioso y consume mucho tiempo.

Prueba con la búsqueda avanzada de Twitter (Twitter.com/search-advanced). Con ella podrás elegir la fecha, los hashtags, las repuestas que recibiste o cualquiera de estas combinaciones.

Encuestas de Twitter

Son un nuevo instrumento que facilita y mejora la relación con tus seguidores. Crea una encuesta y propón hasta cuatro respuestas para que las personas voten por su preferida.

¿Cómo crear una encuesta?

El botón de la encuesta está en la parte inferior de la ventana que aparece cuando escribes un nuevo tuit, tanto en la computadora como en los dispositivos móviles. La encuesta solo dura 24 horas y el voto es anónimo. Nadie conocerá la opción que escogiste.

¿Cuáles son los beneficios?

1. Permite que tu audiencia de su opinión sobre el contenido

En efecto, tenemos muchas maneras de conocer las opiniones de nuestra audiencia, pero no todas son tan efectivas como Twitter. Por ejemplo: Facebook a veces no muestra la publicación completa y por correo no siempre recibimos la respuesta de los usuarios.

En cambio, en Twitter las personas pueden votar rápidamente porque solo tienen cuatro opciones para escoger. Pídeles su opinión sobre los títulos de tus publicaciones, los contenidos y todo lo que te sirva para mejorar tu marca.

2. Toma en cuenta las opiniones de los usuarios

Cuando vendes un producto u ofreces algún servicio, es importante que las personas compartan sus opiniones.

Siempre habrá clientes molestos deseosos de expresar su descontento, pero las críticas constructivas también son de gran ayuda. Para ello pregunta a tus clientes cuáles son las características que más usan, sus colores preferidos u otra información que te ayude a mejorar las ventas. Su opinión es la información más valiosa para hacer crecer tu negocio.

3. Estudio de mercado

Con esta iniciativa comprobarás la efectividad de tus hipótesis. Por ejemplo: quieres saber si tu *target* sigue a una persona en particular o si pasan más tiempo en Twitter o en Facebook, con una pequeña encuesta obtendrás los resultados. Así mejorarás tus estrategias de mercadeo y la efectividad de la publicidad que compartes en las redes.

4. Consulta sobre eventos futuros

Las predicciones son un excelente gancho para captar nuevos seguidores. Hay personas que siempre están opinando sobre el futuro.

¿Hay un juego importante en tu ciudad? Pregúntales quién será el ganador.

Así comprenderás mejor sus preferencias y los motivarás a participar.

5. Por diversión

No todo tiene que ser sobre los negocios, también puedes crear una encuesta divertida para que tus seguidores se rían. Es bueno que conozcas un poco más su lado personal.

Cómo crear el mejor contenido visual

Las imágenes, los videos y los archivos .gif forman parte de la experiencia de los usuarios en Twitter. Estas herramientas aumentan el tráfico de tu cuenta y mejoran la impresión de tu *target*. Para crear un contenido visual asombroso, te dejo las siguientes páginas:

1. Canva

Diseña fácilmente y de acuerdo con las medidas y requerimientos de la red social que necesites. En el menú escoges el fondo, la tipografía, los colores, las imágenes y los efectos que mejor cuadren con tu marca. Todos los cambios son guardados automáticamente y te permite hacer modificaciones cuando tú lo desees.

2. PicMonkey

Es otra herramienta con la que puedes hacer diseños únicos: cortar imágenes, agregar filtros, escribir texto... Tú decides el tamaño de la imagen. En la versión gratuita cuentas con una variedad de marcos, efectos especiales y tipografía.

3. WordSwag

Es una aplicación móvil que te permite escoger varias citas o escribir tu propio texto, buscar fotos en el catálogo, añadir filtros y cambiar la tipografía. Todo desde la palma de tu mano y en tan solo minutos. Lo único malo es que comprime las imágenes y esto dificulta la lectura en los dispositivos móviles. Para lograr visualizarla correctamente debes abrir la imagen.

4. Rhonna Designs

También es una aplicación para móviles que te ofrece la posibilidad de crear bellas ilustraciones. Aunque es un poco difícil de manejar, a diferencia de WordSwag, logras diseños más personalizados. Escoge entre cientos de plantillas, realza el texto con sombras, agrega marcos y avisos. Juega con la biblioteca de frases y citas motivacionales.

Vale la pena que la descargues y conozcas sus herramientas. La tipografía y los íconos son muy buenos. Actualmente no tienen el tamaño exacto para Twitter, pero hay otros que de igual manera sirven para esta plataforma.

5. Paint.NET

Si estás buscando un programa parecido a Photoshop, Paint.NET es ideal. Trabajas con capas, dibujas formas, añades texto y modificas el color, el tamaño o el fondo de una imagen. Es una herramienta gratuita para usuarios de Windows.

Aprovecha el impacto psicológico de las imágenes

Las imágenes aumentan la participación en 500%. Comparto los siguientes consejos para que puedas disfrutarlos al máximo:

1. El texto

¿Sabías que el cerebro procesa la información visual 60.000 veces más rápido que un texto plano?

Es por eso que las imágenes que uses deben contar una historia comprensible para tu audiencia. Esta herramienta es bastante provechosa, especialmente en Twitter, porque al tener un límite de caracteres establecido, tienes a tu disposición otro medio para expresarte.

2. La marca

Para que tus campañas de mercadeo sean más efectivas, lo más recomendable es que cuentes con una serie de imágenes que representen tu compañía. Cuando te hablan de Twitter,

¿Qué es lo primero que viene a tu mente?

Probablemente un pajarito azul.

Y si te hablan de Coca-cola… El color rojo. Así de impactante es el apoyo visual de una marca.

3. El tamaño

La dimensión perfecta para las imágenes de Twitter es de 1200 x 628 píxeles.

Mensajes directos

Los mensajes directos de Twitter te permiten escribir más de 140 caracteres. Según la empresa, implementaron este cambio para que las conversaciones privadas fuesen más reales y prácticas.

Ahora bien, algunas cuentas abusaron de esta modalidad y le empezaron a mandar mensajes a sus seguidores con links de su página web u otras redes sociales.

Algunos expertos dicen que se debe evitar, otros lo recomiendan ampliamente. En realidad te invitaría a experimentar a ver si te funciona.

Solo un 10% de las cuentas de Twitter utilizan los mensajes directos, por lo que creo que es una buena oportunidad que aún se puede aprovechar hoy en día, si se le da un buen uso.

En cuanto a los mensajes directos automáticos, son una excelente manera de iniciar una conversación. Lo más importante es que envíes información relevante para el usuario.

Por ejemplo: cuando tengas un nuevo seguidor, dale las gracias y pregúntale si está en Twitter por placer o negocios. Esta estrategia me ha servido para entablar una buena relación con mis clientes.

Cuando respondes una mención con un mensaje directo, los otros usuarios pensarán que has ignorado esa pregunta.

¡Créeme, siempre hay alguien atento a los movimientos del administrador de la cuenta!

Lo mejor sería que los invitaras a escribirte por el privado, así los otros usuarios sabrán que estás interesado en solventar la inquietud.

¿Cómo establecer una buena relación de inmediato usando Twitter?

Ofrece un poco de dedicación a tus seguidores para ganar su confianza y aumentar su nivel de participación. Muchos se van a interesar por el contenido de la cuenta, pero luego debes mantener la relación y eso se logra mediante las interacciones.

1. Responde a las menciones

Las redes sociales se basan en las conexiones, y Twitter te permite conocer nuevas personas y entablar una relación con ellas casi de forma inmediata. Es necesario que siempre revises las interacciones de tu cuenta. Menciona al usuario y dale las gracias por haber compartido tu contenido.

¡Pero no te quedes allí!

Esta es una oportunidad para conocerlos mejor: revisa su biografía y establece conversaciones relevantes por medio de mensajes directos.

Para monitorear tu cuenta, usa Mention o Brand24; estas herramientas te avisan rápidamente si están hablando de ti. También tienes a tu disposición las aplicaciones Hootsuite o TweetDeck; tan solo debes abrir una cuenta en esas plataformas y listo.

2. Participa en las conversaciones

Busca las palabras claves, las tendencias o los hashtags relacionados con tu nicho para que encuentres las conversaciones que se están llevando a cabo en ese momento. Una vez que lo hagas, únete a ellas. A diferencia de Facebook, en Twitter esto no está mal visto.

Aprovecha para entablar relaciones, responder preguntas y demostrar que eres un conocedor del tema. De esta manera ganarás más seguidores leales.

Otra opción es fijar un mensaje para que aparezca de primero en tu línea de tiempo (*timeline*) y los visitantes lo vean automáticamente.

Escoge uno que ofrezca información relevante o comparta un enlace para descargar contenido de tu marca.

¿Cómo lo haces?

Una vez que hayas publicado el tuit, verás un flechita en la parte superior derecha. Dale clic y escoge la opción "Fijar en tu página de perfil".

Maneras simples para conseguir más seguidores

- Personaliza tu imagen de cabecera. Esta mide 1500 x 500 píxeles y debe combinar con el estilo de tu página web u otras redes sociales, así los nuevos visitantes sabrán que están en la cuenta correcta.
- Fija los colores que usarás. Personaliza los tonos y las combinaciones que definen tu marca y aplica ese patrón en todas las plataformas.
- Pide que te hagan retuit. Solo 1% de las cuentas solicita que retuiteen su contenido. Obviamente no quieres ser un *spammer*, pero sí está permitido que lo hagas de vez en cuando. Te recomiendo que escribas la palabra "Retuit" y no su abreviación "RT" porque tendrás 23 veces mayor probabilidad de aumentar las interacciones.

Estrategias para convertir a tus seguidores en oportunidades de negocios

Twitter Analytics (analytics.twitter.com) te permite hacer un estudio exhaustivo que mide las interacciones, el contenido que más se ha compartido y la ubicación de los usuarios, entre otros datos que impulsarán tu empresa.

1. Descubre a tus seguidores más influyentes

Cada mes, las gráficas te mostrarán el top 10 de tus seguidores más influyentes y el contenido que causó mayor impacto en la red. Con esta información sabrás con quién te gustaría hacer negocios o emprender una alianza.

2. Investiga el contenido que genera mayor participación

Conoce qué funciona y qué no funciona para tu cuenta. En cada tuit verás un pequeño gráfico de barras que te mostrará todas las impresiones de ese post (retuits, favoritos, respuestas...). Estudia cuál tuvo mayor impacto y anota si compartía un video o una foto, era gracioso o serio, hablaba sobre una frase o algún consejo.

3. Comprende mejor a tu audiencia

A veces creemos, por ejemplo, que nuestros clientes son mayormente mujeres, pero las estadísticas pueden demostrar lo contrario.

¡Esa es la importancia de conocer a tu audiencia *target*!

No tiene sentido que compartas una información si no será vista por nadie. Al contrario, publica un contenido diseñado a la medida de sus gustos. Gracias a Twitter Analytics podemos estudiar los intereses, los lugares y la demografía de nuestros seguidores.

Cuando estés listo para probar con Twitter Ads (publicidad pagada a través de Twitter), ya sabrás exactamente lo que desees promocionar.

¿Cómo crear Twitter Ads (publicidad pagada a través de Twitter) exitosas?

Primero hablemos un poco sobre la dinámica de las redes sociales.

Facebook e Instagram están diseñadas especialmente para mantenerte en contacto con tus familiares y amigos. También, en el caso de Instagram, buscan imágenes hermosas. En Pinterest revisan recetas y consejos para hacer las cosas por ti mismo. En cambio, en Twitter lo más importante es el contenido.

La mayor parte de la gente utiliza Twitter para revisar la información que les interesa, tanto de las cuentas que conocen como de las que no. Por ende, esta plataforma es ideal para generar *tráfico frío*, es decir, son personas que nunca han estado expuestas a tu marca ni a tus mensajes.

En otras redes, interactuar con personas consideradas como tráfico frío se vería como algo intrusivo, pero en Twitter no es así, siempre y cuando lo que compartas sea del agrado de tu audiencia *target*.

Si quieres lograr este tipo de tráfico y captar seguidores que visitarán nuevamente tu sitio (*tráfico caliente*), necesitas una estrategia de mercadeo bastante efectiva.

He aquí algunas recomendaciones:

- Ubica los seguidores de otras cuentas

Si ya llegaste hasta este punto, debes conocer las características de tu cliente ideal.

¿Qué les gusta leer?, ¿qué personas influyentes siguen?, ¿cuáles son sus pasatiempos?

Te recomiendo que no solo te enfoques en las sugerencias de Twitter, recuerda que estamos hablando de una muestra mayor a 6 millones de cuentas. Es preferible que limites tu audiencia target a una cifra de 500 mil a 2 millones.

- Conoce las palabras claves

Si ves que las personas están usando ciertas palabras claves en sus tuits, comienza una campaña en la que también compartas esas palabras claves para que aproveches esas tendencias.

- Escoge siempre una imagen atractiva

No solo escribas 140 caracteres, comparte una foto que llame la atención. Aprovecha que no tienes la limitante de Facebook, que solo permite incluir 20% de texto en la imagen. En Twitter no hay restricciones de este tipo. Emplea una fuente grande y atractiva. Recuerda que estás pagando por esa publicidad y buscas obtener los mejores resultados.

- Sé conciso

La velocidad de esta red social es notoria: las personas revisan su línea de tiempo rápidamente hasta que una publicación les llama la atención; en consecuencia, tus tuits deben ser claros y concisos. Evita publicar mensajes muy personales y enfócate en transmitir la idea efectivamente.

- Realiza varias pruebas

Primero debes saber qué quieres lograr con ese tuit promocional: que las personas compren tu producto, se suscriban a tu lista de correos, vayan a una página web o simplemente lean el mensaje. Una vez que tengas esto claro, prueba si es mejor incluir una pregunta, usar palabras más cortas y decide cuál título funciona mejor. Las interacciones te dirán si esa estrategia funciona o no.

Qué es "la segmentación por eventos" para los negocios

¿Has visto que las compras aumentan en una fecha determinada?

¿Ofreces un producto diseñado específicamente para una temporada del año?

Si es así, "la segmentación por eventos" de Twitter es un gran aliado porque te permite posicionar tu publicidad durante esos días y en esa tendencia.

A continuación, algunas recomendaciones para su uso:

- ¿Qué es "la segmentación por eventos"?

Twitter ha creado unos algoritmos que estudian las señales de participación para predecir las tendencias. Con estos resultados, puedes crear una campaña que sea vista por las personas que verdaderamente están interesadas en tu nicho.

Por ejemplo: si tienes una tienda de ropa y se acerca el reinicio de clases, tu publicidad saldrá en las conversaciones que surjan al respecto y será leída por los usuarios que compartan ese interés.

- Aprende sobre el calendario de eventos

Aunque no quieras utilizar por ahora todo lo que ofrece "la segmentación de eventos", puedes revisar el calendario. Con él sabrás cómo las personas reaccionan ante un tema relevante para tu negocio.

1. Inicia sesión en Twitter Analytics (analytics.twitter.com) con tu mismo usuario y contraseña.

2. Haz clic en el botón Eventos, ubicado en la barra superior de la página.

Ahí encontrarás toda la información relacionada con dichos eventos:

> → Revisa los tuits y las impresiones más relevantes durante esa fecha. Esta es una excelente manera de conocer el contenido que funcionó y así crear algo similar y mejorarlo en tu campaña.
> → Cuáles eran las edades de los seguidores.
> → Quiénes tuvieron mayor participación: hombres o mujeres.
> → En qué parte del mundo compartieron ese evento.
> → Si las personas usaron la computadora o los dispositivos móviles.

Ten presente que no todos los acontecimientos aparecen desglosados, algunos quizás no generaron el tráfico suficiente para elaborar una estadística. De igual manera, debes ser selectivo con tu búsqueda. Aprovecha los filtros (ubicación, fecha y tipo de evento) para obtener los mejores resultados.

- Añade la "segmentación de eventos" a tu campaña de Twitter Ads

Cuando estés en la plataforma de Twitter Ads, dale clic a "seleccionar tu audiencia". Tendrás a la mano una lista de los próximos eventos. Escoge los que involucren directamente a tu *target*. No solo te enfoques en los más grandes (los Juegos Olímpicos o los Oscar) porque ya sabes que todo el mundo hablará sobre eso. Dependiendo del tamaño de tu empresa, es mejor que elijas uno de alcance local.

- Personaliza tu segmentación

Cuentas con muchas opciones para delimitar tu búsqueda. Escoge el lenguaje, el lugar, el género, las palabras claves, los intereses y la actitud de los usuarios. Incluso puedes hacer un estudio excluyendo alguna de estas variantes. Lo importante es que pruebes una y otra vez distintas combinaciones.

- Aprende de los errores de las otras compañías

Observa cómo tu competencia se comportó durante esa fecha.

¿Tuvieron éxito o fue un total fracaso?

Estudia los resultados y crea una mejor campaña publicitaria.

- Usa Tweet Engager Targeting para sacarle provecho a tu esfuerzo

Con esta herramienta sabrás quiénes han reaccionado favorablemente a tus mensajes patrocinados (*Twitter Ads*). También te da la oportunidad de acercarte semanas después a estas cuentas para ofrecerles contenido relevante.

Cómo lograr la atención de la prensa con Twitter

A continuación hablaremos de una serie de consejos para que te conviertas en la fuente que los periodistas están buscando.

Pero antes debemos diferenciar entre la publicidad y las relaciones públicas.

La primera se refiere a la oferta del producto o el servicio de tu empresa. Piensa en un comercial o una página completa en el periódico. Por lo general es bastante costosa y está disponible por un tiempo limitado: la gente solo la verá en ese momento.

Por otra parte, tenemos las relaciones públicas. En este caso, los beneficios son mejores porque conoces a una audiencia que confía en las palabras del periodista. Es un gran honor tener esta oportunidad. Velo como un intercambio: ellos tienen material para sus publicaciones y tú apareces en los medios de comunicación gratuitamente.

¿Cuáles son los beneficios?

- Lograr que un público específico conozca tu empresa.
- Entablar una relación con los periodistas que cubran tu nicho.
- Es gratuita. Inviertes tu tiempo, pero no tu dinero. No te arriesgas en una campaña publicitaria que puede resultar un fracaso.
- Una mención en los medios aumenta la confianza de las personas hacia tu marca y multiplica las oportunidades de venta. Recuerda que a nadie le gusta que lo invadan con publicidad.

Las redes sociales son el mejor medio para conocer a los periodistas. Lo más importante es que te conozcan. Usa las palabras claves y los hashtags, si quieres posicionar tu cuenta. Recuerda que ellos recurren a estos canales para buscar a expertos en un área, noticias de último momento e historias que sirvan de inspiración.

Antes, los pequeños empresarios no tenían esta oportunidad. Aprovecha que ahora la voz de un emprendedor puede ser oída por todo el mundo. Esta ya no es una opción, sino un requisito.

La televisión, la prensa y las emisoras de radio son bastante llamativas, pero difíciles de acceder. Como estás comenzando es mejor que te enfoques en todos los medios digitales, es decir, revistas en internet, blogs, trasmisiones en vivo (*live streaming*), entre muchos otros.

Estos medios siempre están buscando noticias frescas y allí es cuando entras tú. Haz una lista de 10 o 20 periodistas con los que quisieras hablar y practica las siguientes recomendaciones en Twitter:

- Interactúa con los periodistas. Comparte especialmente las publicaciones relacionadas con tu marca.
- Sigue a sus seguidores más importantes para conocer a su audiencia.
- Retuitea su contenido, escribe un breve comentario y menciona su usuario.
- Crea una lista privada con los periodistas y los medios que te interesan.
- Copia las mismas palabras claves y los hashtags que ellos emplean, así estarás en su radar.
- Conoce las cuentas @profnet y @helpareporter. Estas se encargan de conectar a expertos con periodistas que necesitan una respuesta urgente sobre un tema en específico.

Cómo usar los concursos de Twitter para elevar tus ventas

Los concursos son geniales para conseguir más seguidores, aumentar su compromiso con tu marca y promocionar tu producto. Es una actividad bastante sencilla y efectiva.

Antes de empezar, es recomendable que conozcas las reglas para evitar que cierren tu cuenta.

Otro consejo es que seas original: no te apegues al formato tradicional de "RT" y "Seguir para ganar"; seguramente ya tu audiencia ha visto esto muchísimas veces y busca algo diferente. Te propongo los siguientes métodos:

- Concurso de fotografía

Pídele a los miembros de tu audiencia que se tomen una foto sosteniendo tu producto o recibiendo el servicio que provees. Este concurso es mucho más personal y creativo. Las personas comparten el tuit y aumenta tu visibilidad en las redes.

- Concurso de hashtags

Hay dos formas de promocionar este concurso:

Usar el hashtag en todos tus tuits: cada vez que la persona comparta un mensaje, debe insertar el hashtag escogido. El ganador será un tuit elegido al azar. Los usuarios buscarán publicar muchos tuits para aumentar sus probabilidades de ganar.

Combinar el hashtag y el enlace: comparto contigo una anécdota que sirve para explicar esta técnica. Un grupo musical lanzó su nuevo sencillo y le pidió a sus fanáticos que dedicaran el video a una persona y explicaran el porqué de su escogencia. Sus seguidores se volvieron locos, compartieron el mensaje una y otra vez y el video tuvo más de 320.000 visitas en poco tiempo.

Dos páginas muy útiles para la promoción masiva de contenido

- BuzzSumo te permite conocer a las personas que comparten un contenido en la red

Es una herramienta que te muestra el contenido más popular y quiénes hablaron sobre él en sus cuentas. Aunque está en inglés, es muy útil para conocer a los que estarían interesados en tu producto. Te voy a explicar paso a paso lo que debes hacer, si buscas obtener mejores resultados.

1. Suscríbete a BuzzSumo.
2. Ingresa una palabra en la barra de búsqueda. Por ejemplo: si tienes un restaurante de comida italiana, revisa "Recetas italianas". Luego verás el contenido más popular sobre el tema.
3. Selecciona la fecha que te interesa (la semana pasada o el mes anterior).
4. Clasifica los resultados según la cantidad de veces que fue compartido.
5. Haz clic en "View Sharers" (*Ver quiénes lo compartieron*) y exporta el contenido.
6. Se abrirá una hoja de cálculo con muchas columnas. Elimina la información irrelevante y deja solo el nombre (*name*) y la identificación del usuario (*username*), la dirección de la página web (URL) y el número de seguidores (*number of followers*).
7. Delimita la lista de usuarios. Una buena regla es borrar las cuentas con menos de 1.000 seguidores.

Ahora conoces a las personas que pudieran sentirse atraídas hacia tu compañía o producto, por lo que sería bueno que les mandes un mensaje directo.

Repite esta estrategia cada vez que vayas a promocionar un contenido nuevo y verás cómo aumenta el tráfico.

- Aprovecha el éxito de tu competencia

Usa la búsqueda avanzada de Twitter (https://twitter.com/search-advanced) para conocer los tuits en los que han hablado sobre tu competencia. Para ello ubica la sección "Mencionando estas cuentas", allí debes escribir el nombre de tus competidores. Luego ve hasta "Desde esta fecha", limita los plazos de búsqueda (un día o máximo una semana). Una vez que lo hayas hecho, tendrás los resultados más recientes.

Debes seguir ahora a esos usuarios y mandarles un mensaje directo.

Ahora que ya tienes su atención, ofréceles un contenido de calidad que los deje boquiabiertos. Es una buena idea que los mantengas actualizados sobre el tema; para ello puedes enviarles una versión PDF del artículo o un buen resumen de la publicación. Lo más importante es que consigas nuevos seguidores y suscriptores para tu lista de suscriptores de correo.

- Mensajes directos automáticos

Esta no una herramienta comúnmente utilizada por los usuarios. Pero cuando lo haces de forma correcta, logras darle una cálida bienvenida a los nuevos seguidores. Prueba con la página SocialOomph para programar varios mensajes, así evitarás que se mande siempre el mismo.

Evita escribir "Hey, gracias por seguirme" o cosas que todo el mundo usa. En su lugar, comparte un artículo interesante con un enlace rastreable (*trackable link*); para ello puedes usar Google Analytics. A las personas les encanta y puedes medir el alcance del contenido.

- Seguir listas de correo

Para que los contactos del correo aparezcan en tu cuenta de Twitter:

1. Abre una cuenta en Gmail o Yahoo!
2. Importa todos tus contactos a ese correo.
3. Ve a tu perfil de Twitter. Selecciona "Configuración" y luego "Encontrar amigos".
4. Sincroniza el correo y aprueba el acceso. Espera unos minutos. Twitter arrojará los usuarios que coincidan, selecciónalos y haz clic en el botón Seguir.

Conclusión

Espero que te haya gustado el contenido.

Aprender a manejar efectivamente una o dos redes sociales es definitivamente una vía muy efectiva de hacer crecer tu negocio.

Como todo, debes dedicarle un poco de tiempo, pero sobre todo constancia. Levantar un negocio o una marca no es cosa de una día, pero los beneficios bien valen la pena y pueden ser muy duraderos.

Recuerda registrarte en la sección de Bonos:
www.alcanzatussuenos.com/twitter

Así podrás mantenerte actualizado (a) sobre cualquier nueva información que pueda ayudarte con el crecimiento de tus redes sociales.

Y, por favor, deja un comentario positivo sobre el libro en la plataforma, eso me será de gran ayuda.

www.ingramcontent.com/pod-product-compliance
Lightning Source LLC
Chambersburg PA
CBHW020712180526
45163CB00008B/3056